AF498386

RÉPONSE

DE JANVIER LITTEY,

*Homme de couleur de la Martinique,
et député à la Convention nationale,*

A P. J. LEBORGNE.

NE crois pas que je veuille engager avec toi une discussion polémique ; ma vie active et laborieuse ne m'a guère permis d'acquérir les connoissances nécessaires à ce genre d'escrime ; et si je n'avois à répondre qu'aux mensonges hardis et dégoûtans que tu t'es permis sur mon compte, mes concitoyens, qui m'ont honoré de leur confiance, se chargeroient de ma reponse. Ce qui a été dit par eux aux palais de l'Egalité depuis ton écrit, doit te faire connoître le mépris dont tu es couvert, et qu'ils savent t'apprécier.

A

LK 218

Démasquer un intrigant, montrer à la Convention nationale la conduite que tu as tenue dans nos Colonies, avant et pendant la révolution; les troubles que ton immoralité y a fait naître; ceux que tu pourrois exciter dans cette république; les brigandages dont tu t'es rendu coupable; dissiper le nuage rembruni dont tu te couvres, et qui est l'égide sous laquelle conspirent toi et tes semblables, les ennemis de la révolution, du commerce, et de la prospérité nationale; te dépouiller du prestige dont tu sais tirer un si grand avantage; après l'avoir détruit, parvenir jusqu'à toi, et te moutrer sous le costume qui t'est propre, sont les seules raisons qui me déterminent à prendre la plume.

Lorsque tu parus à la barre de la Convention le 5 vendémiaire, entouré d'hommes de toutes les couleurs, et de l'un et l'autre sexe réunis par ton intrigue, dont la majeure partie habite Paris depuis vingt ou trente ans, et que tu représentois comme victimes de la trahison des Colons, ne mentois-tu pas à la nation entière, en la personne de ses représentans? Ton but n'étoit-il pas d'effacer l'impression que la députation qui t'avoit précédée avoit fait naître, exciter des réclamations, et empêcher que l'on ne fît droit à leurs justes demandes?

Oui, Leborgne, j'appelle intriguant, tout individu né en France ou ailleurs, qui pour parvenir à l'impunité, emploie tous les moyens, vêtit toutes les livrées , et ose présenter aux représentans d'une grande nation , une pétition où il n'y a pas une phrase , un mot qui ne soit une imposture.

J'appelle intrigant, celui qui cherche à imputer aux autres les crimes dont il s'est rendu coupable, qui s'efforce de tout corrompre ; qui, après avoir joué dans un pays les rôle les plus infâmes, change dans un autre de langage, et à l'aide de ce déguisement, sait en imposer à la probité même.

J'appelle intrigant, traître et monstre celui qui, après avoir secoué les torches de la discorde dans les différentes contrées qu'il a parcourues à l'aide des mots sacrés de liberté, égalité, a été le premier moteur de leurs destructions, et qui, après les avoir pillées et incendiées les a livrées à l'ennemi.

As-tu donc oublié ce qui t'est arrivé à Sainte-Lucie, où tu étois passé avant la révolution, dans l'intention d'y chercher fortune. Ne te souviens-t-il plus qu'après avoir dérobé un diamant à Foucarde, notaire ; pour étouffer cette affaire, tu fûs pour l'assassiner chez le procureur Bosse ; que Chambon, procureur du ci-devant roi, devant lequel cet assassinat fût commis, le fit arrêter et conduire au cachot, et que tu ne pûs te soustraire au supplice qui t'étoit réservé, que par la protection du gouverneur Laborie, qui te fit évader des prisons et de Lille.

As tu donc oublié que, réfugié à Tabago,
auprès de Rousne-Saint-Laurent, agent de l'ad-
ministration, ton caractère intrigant et féroce
te lia bientôt avec Saint-Léger, Irlandois, envoyé dans cette Colonie par le ministre la Lu-
zerne, que tu secondas sa trahison; et qu'après
avoir livré, de concert, cette possession Fran-
çoise, tu repassas en France avec ce même
Saint-Léger et Romme; que votre conduite cri-
minelle loin d'être punie, fut récompensée, et
que vous fûtes envoyés à Saint-Domingue par
le pouvoir exécutif, pour préparer la destruction
de cette Colonie, qui a été consommée par Pol-
vérel et Santhonax.

Ignores-tu que j'ai entre les mains des dépo-
sitions qui te concernent : qu'il n'y a pas un
seul fait qui ne soit attesté et reconnu vrai par
ceux qui ont habité les lieux où ils se sont
passés, et que tous prouvent ta trahison et ta
scélératesse.

Pour ne point trop étendre ma réponse, je
me contenterai d'en extraire quelques-uns, des
pièces nombreuses que je possède.

« Leborgne et Pelangue, ex-constituans,
» arrivant de Saint-Domingue, ne cessoient
» de prêcher l'incendie, et ce sont eux qui
» les premiers ont donné l'exemple de la des-
» truction des propriétés. La première expé-
» dition qu'ils firent fut sur l'habitation Le-
» vassor; ils l'attaquèrent par mer avec une
» gabare, montée d'une pièce de canon four-

» nie par la Crosse. Bellegarde, homme de
» couleur, attaqua par terre, et aussi-tôt ils
» furent maîtres du poste. Toutes les denrées,
» argenteries, meubles, etc., furent pillés et
» portés au Lamentin; et pour que la répu·
» blique ne pût les accuser de vols, ils in-
» cendièrent maisons, manufactures, planta-
» tions, et répandirent le bruit dans le public
» qu'ils n'avoient profité de rien, que tout
» avoit été consommé par les flammes. Depuis
» cette époque, jusqu'à celle où les ennemis
» ont été chassés de la Colonie, ils n'ont cessé
» de brûler et de confisquer à leur profit tout
» ce qu'ils ont trouvé sur les habitations de
» la république. Les sociétés populaires s'em-
» pressèrent de manifester leur adhésion au
» gouvernement républicain, par une adresse
» à la Convention nationale, en la félicitant
» de la justice qu'elle avoit faite du tyran Ca-
» pet, elles s'occupèrent en même tems d'un
» plan d'organisation pour la Colonie, afin
» d'y rétablir les municipalités, une assemblée
» coloniale, et pour préparer les loix qui de-
» voient être envoyées à la sanction de la
» Convention nationale; cette mesure déplut
» souverainement à Leborgne, Pelaque et ad-
» hérens; ils vinrent pendant quatre séances
» à la société populaire de Saint-Pierre, s'em-
» parèrent de la tribune, et mirent tout en usage
» pour nous faire adopter une organisation
» tout-à-fait contraire et plus conforme à leurs
» principes et à leur ambition. Ils s'effor-
» cèrent, mais envain, de nous prouver que

» l'existence d'un comité de surveillance , à la
» nomination du gouverneur, convenoit par-
» faitement à la police intérieure de la Colonie;
» que ces mêmes comités seroient respecti-
» vement chargés dans leurs paroisses de l'ad-
» ministration des biens des émigrés; qu'ils
» détermineroient aussi le mode d'imposition
» pour subvenir aux frais du gouvernement,
» et qu'ils rendroient compte à une commis-
» sion centrale, composée de douze membres,
» séante au Fort de la République; laquelle
» seroit investie de tous les pouvoirs, et que
» les actes qui émaneroient d'elle, feroient
» force de loi, avec l'approbation définitive du
» gouvernement..........Nous rejettâmes la
» proposition d'un établissement aussi mons-
» trueux et contraire aux droits de l'homme et
» du citoyen ».

La formation du comité de Surveillance ,
cette commission intermédiaire de douze membres , dont la nomination étoit au choix du
gouverneur, qui ne pouvoit agir que sous
son bon plaisir , qui remettoit entre les mains
d'un seul homme l'autorité la plus arbitraire,
qui anéantissoit les corps populaires , et qui
fut demandée avec tant d'acharnement par
Leborgne et Bélanger , étoit la parfaite image
de ce qui existoit à Saint-Domingue. Si l'exé-
cution de ce projet , aux isles du Vent , n'a
point eu lieu, Santhonax et Polverel doivent
vous savoir gré du zèle que vous avez montré
pour le faire adopter ; tout ce que peut la ruse

la plus adroite , les mensonges les mieux ar-
rangés , des démarches bien combinées , une
persévérance soutenue , ont été mis en usage ,
et prouvent que vous étiez parfaitement dignes
de leur confiance.

Lorsque tu feignis de te brouiller avec Ro-
chambau , pour te ménager un prétexte plau-
sible de repasser en France, pourquoi n'avoues-
tu pas qu'en quittant la Martinique , tu passas
à Saint - Domingue , pour rendre compte à
Polverel et à Santhonax du succès de ta mission ;
que tu n'y restas que le tems nécessaire pour,
de concert, mettre la dernière main à la trahison préparée par vous depuis long temps ;
que tu passas de là aux États-Unis , pour re-
mettre au traître Genest les missives dont tu
étois porteur ; puis en France , pour intriguer
avec ton complice Robespierre et les autres?

Pourquoi ne dis-tu pas que , quelques jours
après ton arrivée , tu fus rencontré et arrêté
par ce *Verneuil* , contre lequel tu vomis des
platitudes si dégoûtantes , et auxquelles le
mépris qu'il a pour toi l'empêchera sûrement
de répondre ; que tu fus conduit par la force
armée , au comité de sûreté générale , où tu
as subi un interrogatoire particulier , puis
contradictoire avec les colons de Saint-Domingue , en présence des représentans du
Peuple , Vadier , Amar , Vouland , Dupin ,
Élie Lacoste , Louis du Bas-Rhin , Rhul , Martel
et moi ?

Pourquoi ne dis tu pas qu'interpellé par les colons d'avoir à déclarer si tu les reconnoissois pour être réfractaires aux loix et notamment à celle du 4 avril, tu répondis ne connoître positivement que *Verneuil* et *l'archevêque Thibaud*, qu'ils étoient l'un et l'autre des hommes probes, amis des loix, qu'ils avoient toujours respectées et suivies.

Pourquoi n'avoues tu pas, qu'interpellé par ce même *Verneuil* d'avoir à produire les pièces que tu avois dit apporter contre'eux, et qui prouvoient qu'ils étoient les agens de Pitt, et soudoyés par lui, tu répondis n'en avoir aucune, et que c'étoit par récrimination que tu t'étois permis ce mensonge.

Pourquoi ne dis-tu pas que tu déclaras reconnoître Santhonax et Polverel pour de vrais scélérats, mais qu'étant subalterne, tu avois été contraint d'agir dans tout ce que tu t'étois permis de faire.

Pourquoi ne dis - tu pas que lorsque tu me prias de m'intéresser à toi, je te répondis ne pouvoir le faire, parce que je ne te connoissois que de réputation.

Pourquoi ne dis-tu pas que tu as signé le procès-verbal, où ces faits et bien d'autres sont consignés, conjointement avec les représentans du peuple ci-dessus cités et tous les colons.

Pourquoi ne dis-tu pas que tu fus envoyé au tribunal révolutionnaire par suite de ton inter-

rogatoire, et que si tu ne fus pas mis en juge-
ment, malgré l'ordre réitéré du comité de sûreté générale, Robespierre seul s'y opposa.

Pourquoi ne dis tu pas que tu n'as recouvré
la liberté que depuis l'arrivée de Santhonax et
Polverel et par leur influence ; que pour te
l a faire rendre , l'on prétexta n'avoir trouvé
dans tes papiers rien qui fût contraire au pa-
triotisme , et que l'on feignit de méconnoître
les déclarations qui existoient contre toi.

Avois-je donc tort , Leborgne , de te nommer
intrigant ? Peux tu me faire un crime de n'a-
voir pu garder le silence ? La mission hono-
rable dont je suis chargé , ne me faisoit elle
pas un devoir de te démasquer ? Pouvais - je
souffrir que des mensonges prononcés avec
toute l'impudence qui te caractérise vinsent
augmenter l'incertitude que l'on se plaît à faire
naître chaque jour au sein de la convention
sur les affaires coloniales ? N'est il pas tems que
la vérité perce , et que ceux qui ont contribué
à leurs entières destructions , soit par eux-
mêmes , soit par leurs alentours , soient enfin
connus.

Oui, Leborgne, tu es un *intrigant* ; je dis
plus ; celui qui a été un des principaux agens
de toutes les atrocités commises dans nos colonies, est un homme à craindre dans un mo-
ment où la malveillance fait tous ces efforts
pour détruire cette république naissante ; et je
me rendrois coupable, si je n'appellois sur toi
et tes semblables, la surveillance nationale :

surveillance d'autant plus nécessaire que c'est par ce seul moyen que l'on pourra déjouer une trâme ourdie de longue main , et dont l'explosion seroit funeste.

Ici se borne ma réponse , tes injures ne peuvent m'atteindre ; les inculpations calomnieuses que tu t'es permises , rejailliront sur toi-même , et c'est à la justice nationale , débarrassée des entraves dont on affecte de la surcharger , que je remets la vengeance de mon pays , celle de mes concitoyens et la mienne.

Paris , le 13 Vendémiaire , l'an troisième de la République une et indivisible.

De l'imprimerie de Guffroy , rue Honoré , n⁰. 35, cour des ci-devant Capucins.

www.ingramcontent.com/pod-product-compliance
Lightning Source LLC
LaVergne TN
LVHW051348200726
843510LV00002B/899